SPLIT
German

하루에 쪼갠다
독일어
(알파벳에서 인사표현까지)

하루에 쪼갠다 독일어 (알파벳에서 인사표현까지)

저자 _ 서우석

발행 _ 2020.09.18

펴낸이 _ 한건희

펴낸곳 _ 주식회사 부크크

출판등록 _ 2014.07.15.(제2014-16호)

주소 _ 서울 금천구 가산디지털1로 119, SK트윈타워 A동 305호

전화 _ 1670 - 8316
이메일 _ info@bookk.co.kr

ISBN 979-11-372-1787-4
www.bookk.co.kr

「이 도서의 국립중앙도서관 출판시도서목록(CIP)은 서지정보유통지원시스템 홈페이지
(http://seoji.nl.go.kr)와 국가자료공동목록시스템(http://www.nl.go.kr/kolisnet)에서
이용하실 수 있습니다. (CIP제어번호: CIP2020039465)」

Split it in 1 day

말하기 연습용 **MP3** 파일은
https://bit.ly/2Fl4dwQ
에서 무료로 다운로드할 수 있습니다.

하루에 쪼갠다 독일어 (알파벳에서 인사표현까지)는
Apple App Store (애플 앱 스토어)에서
'국가대표 독일어 핵심기초'라는
어플리케이션으로도 만날 수 있습니다.

intro

하루에 쪼갠다 XXX
시리즈에 대하여:

'하루에 쪼갠다 XXX' 시리즈는 포스트 코로나,
뉴노멀 시대의 우리 모두를 위해 기획하였습니다.

'하루에 쪼갠다 XXX' 시리즈는
부담 없이 막간을 활용하여 핵심 지식을 챙기는
모든 분야를 망라한
자가발전 교양/학습 시리즈입니다.

'하루에 쪼갠다 XXX' 시리즈는
콤팩트한 포맷, 편하게 접근 가능한 가성비 높은,
전국민 문고 시리즈입니다.

'하루에 쪼갠다 XXX' 시리즈는
누구나 작가가 되어 자신의 콘텐츠를 나눌 수 있는
미니멀 콘텐츠 플랫폼을 추구합니다.

'하루에 쪼갠다 XXX' 시리즈와 함께
즐거운 취미/교양/문화 생활을 열어 나가길 기대합니다.

-'하루에 쪼갠다 XXX' 시리즈 저자 그룹 일동-

하루에 쪼갠다 독일어의 학습에 대하여 :

'하루에 쪼갠다 독일어 (알파벳에서 인사표현까지)'는
부담 없이 가장 빠른 시간 안에 독일어의 알파벳에서
인사표현, 숫자 읽기까지 한꺼번에 해결하는 '해결책'입니다.

독일어를 완전 처음 시작하는
학습자들에게 전혀 부담이 없도록 구성하였습니다.

'하루에 쪼갠다 독일어 (알파벳에서 인사표현까지)'는
독일어의 모음과 자음 각각의 특징을 확인하고
영어 알파벳과 비교하면서 최대한 이해를 넓혀 나갈 것입니다.

알파벳과 발음법이 정리되면 독일어의 대표적인
인사표현들로 독일어 문장에 도전합니다.

그리고 끝으로 부록부에서는 지금까지 배운 내용을 토대로
우리의 생활 속 깊숙이 들어와 있는 '독일어를 대표하는 표현'과
'독일어 숫자 읽기' 등으로 연습을 합니다.

이렇게 하면 우리는 순식간에 독일어 알파벳에서
인사표현까지 딱! 하루 만에 쪼개는
감격적인 순간을 만끽할 수 있을 것입니다.

contents

● We can split it in 1 sitting.

SPLIT IT IN 1 DAY

8 | We **learn** something new every day. **SPLIT** Split it in **1 day!**

SPLIT German

1st Split

We **learn** something
new every day.   S⊤LIT **Split** it in **1 day!**

S␣LIT
it in 1 day

1st Split.
독일어의 알파베트 :

독일어는 알파벳 언어입니다.
독일어로는 '알파베트'라고 합니다.
영어와 거의 비슷하기 때문에 그리 낯설지 않습니다.
독일어는 알파벳의 이름을 알면
독일어 발음법이 자연스럽게 해결됩니다.

1st Split.
독일어의 **알파베트**

1st Split. 독일어의 **알파베트**
❶ 독일어 알파베트, 정말 쉽다!

영어와 독일어의 '알파베트' (**das Alphabet**)를 비교하면 훨씬 쉽습니다.

우선 서로 부르는 이름이 완전히 똑같은 것으로는
F(f) (에프), **L(l)** (엘), **M(m)** (엠), **N(n)** (엔), **O(o)** (오)와
S(s) (에스)가 있습니다.

다음은 영어와 부르는 방식이 일정한 패턴으로 다른 것들이 있습니다.
먼저 영어의 알파벳 'ㅔ이'는 독일어에서 'ㅏ'입니다.
그래서 영어의 **A(a)** (에이), **K(k)** (케이)는 독일어에서 '아', '카'입니다.

영어의 'ㅣ'는 독일어에서 'ㅔ'여서
B(b) (비), **D(d)** (디), **E(e)** (이)... 등이
'베', '데', '에' ... 하는 방식이 됩니다.

그래서 기억하는 방법은 공통되는 것과 달라지는 것들의 시스템을
한 번 찬찬히 따져보고, 그 나머지 것들만 따로 기억하면
독일어 알파베트는 해결됩니다.

● We learn something new every day.

하루에 쪼갠다
독일어
알파벳에서 **인사표현**까지

s**LIT**
german

Split
1st

● 전체적으로 한 번 듣고, 영어와는 어떻게 다른지 확인해 봅시다!

Aa
아[ㅏ]

알파벳 대문자 / 소문자
알파벳 이름 [**우리말 음가**]

Aa
아[ㅏ]
g00-01

Bb
베[ㅂ]
g00-02

Cc
체[ㅊ/ㅆ]
g00-03

Dd
데[ㄷ/ㅌ]
g00-04

Ee
에[ㅔ]
g00-05

Ff
에프[ㅍ]
g00-06

Gg
게[ㄱ/ㅋ]
g00-07

Hh
하[ㅎ/묵음]
g00-08

Ii
이[ㅣ]
g00-09

Jj
요트[ㅣ]
g00-10

Kk
카[ㅋ]
g00-11

Ll
엘[ㄹ]
g00-12

1st Split.
독일어의 **알파벳**

Mm
엠 [ㅁ]
g00-13

Nn
엔 [ㄴ]
g00-14

Oo
오 [ㄴ]
g00-15

Pp
페 [ㅍ]
g00-16

Qq
쿠 [ㅋ]
g00-17

Rr
에르 [ㄹ]
g00-18

Ss
에스 [ㅅ/ㅈ]
g00-19

Tt
테 [ㅌ]
g00-20

Uu
우 [ㅜ]
g00-21

Vv
파우 [ㅂ/ㅍ]
g00-22

Ww
베 [ㅂ]
g00-23

Xx
익스 [ㅋㅅ]
g00-24

Yy
입실론 [ㅣ]
g00-25

Zz
쳇 [ㅊ]
g00-26

● We learn something new every day.

하루에 쪼갠다
독일어
알파벳에서 **인사표현**까지

s LIT
GERMAN
Split
1st

 1st Split. 독일어의 **알파벳**
❷ 독일어 알파벳의 발음법!

기본적으로 독일어는 읽는 그대로 발음됩니다.
그러니까 **A(a)**는 우리말 [아]와 같은 소리입니다.
그래서 알파벳을 읽을 줄 안다는 것은
곧 독일어 문장을 읽을 수 있다는 말과 같습니다.
꽤 신박한 시스템임에 틀림 없습니다.

Guten   Morgen.

ㄱㅜㅌㅔㄴ   ㅁㅗㄹㄱㅔㄴ

[구텐 모르겐.]

안녕하세요. (아침 인사)

독일어 알파벳의 우리말 발음값을 참고하면
위와 같이 철자 하나하나의 발음값을 표시할 수 있습니다.
이어서 읽으면 알파벳의 발음법 그대로,
그리고 제대로 온전하게 독일어 문장을 읽을 수 있게 됩니다.

1st Split.
독일어의 **알파베트**

1st Split. 독일어의 **알파베트**
❸ 독일어의 '아 에 이 오 우~!'

'아, 에, 이, 오, 우~!' 우리에게 아주 익숙한 발음입니다.
음악시간에 발성연습하던 바로 그 소리.
이렇게 그대로 독일어의 5가지 모음이 됩니다.

g01-01	**A** 아[ㅏ]	**E** 에[ㅔ]	**I** 이[ㅣ]	**O** 오[ㅗ]	**U** 우[ㅜ]

영어의 **a**가 [아], [에이], [어] … 등 가늠할 수 없이 다양하게 발음되는 반면
독일어의 모음은 착할 정도로 단순합니다.
aa나 **oo**와 같은 중모음의 경우도 영어는 **root** [루트], **book** [북]처럼
[ㅗ]가 [ㅜ]로 바뀌지만, 독일어는 **Boot** [보-트]처럼 그냥 길게 발음하는
장음화될 뿐 원래의 발음이 그대로 유지됩니다.

복모음의 경우도 마찬가지로 있는 그대로 발음하면 됩니다.
ai [아이], **au** [아우], **ou** [오우]처럼 말입니다.
(예 : **Baikalsee [바이칼제]** 바이칼 호수, **Maus [마우스]** 쥐/마우스)

단! **ie**는 장음 [이-]로, **ei**는 [아이]로, **eu**와 **äu**는 [오이]로 읽습니다.
(예 : **Diesel [디젤]** 디젤, **Eis [아이스]** 얼음, **Deutsch [도이취]** 독일어)

We learn something new every day.

하루에 쪼갠다
독일어
알파벳에서 **인사표현**까지

S*LIT
GERMAN

Split
1st

1st Split. 독일어의 **알파베트**
❹ 독일어의 '변심한 모음 세 자매', 변모음

영어에는 없는 독특한 독일어 모음 3가지가 있습니다.
'음이 변했다'는 뜻으로 이름하여 '변모음'(Umlaut)입니다.
a, o, u 위에 소위 '땡땡이'를 붙인 모양입니다.

g01-02	**Ä ä**	**Ö ö**	**Ü ü**
	에 [ㅔ]	외 [ㅚ]	위 [ㅟ]

변모음은 독일 사람들의 이름에서 쉽게 만날 수 있습니다.

g01-03	**Boris**	**Bäcker**
	ㅂㅗㄹㅣㅅ	ㅂㅔ ㅋㅓ (테니스 선수)

g01-04	**Heinrich**	**Böll**
	ㅎ ㅏ ㅇ ㅣ ㄴ ㄹ ㅣ ㅎ	ㅂㅚㄹ (소설가)

g01-05	**Heiner**	**Müller**
	ㅎ ㅏ ㅇ ㅣ ㄴ ㅓ	ㅁㅟ ㄹ ㄹ ㅓ (극작가)

1st Split.
독일어의 **알파베트**

1st Split. 독일어의 **알파베트**
❺ 독일어의 정직한 자음, 살짝 튀는 자음!

독일어 자음은 '생긴 대로', '읽는 대로' 발음하면 됩니다.
대부분 상식적인 발음이어서 독일어는
매우 정직한 발음 시스템의 언어입니다.

그밖에 특별히 주의해야 할 자음들이 몇 가지 있습니다.
살짝 튀는 자음으로
b [베], **d** [데], **g** [게]와 **s** [에스] 그리고 **h** [하]가 있습니다.

b [베], **d** [데], **g** [게]는 각각 [ㅂ], [ㄷ], [ㄱ]으로 발음하지만
단어의 끝에 오면 [ㅍ], [ㅌ], [ㅋ]으로 발음되어 **p**, **t**, **k**와 같은 소리가 됩니다.
이들 자음 3가지가 단어 끝에 오면 '거센소리'로 발음한다는 것입니다.

g01-06 ⊙	**Abend** [아벤트] 저녁
g01-07 ⊙	**Dieb** [디프] 도둑

g01-08 ⊙ **Guten Tag.** [구텐 탁/탁.] 안녕하세요.

그리고 **s** [에스]는 [ㅅ]으로 발음하지만,
바로 다음에 모음이 이어지면 [ㅈ]으로 발음합니다.

g01-09 **Siemens**
[지멘스] 지멘스

h [하]는 일반적으로 [ㅎ] 발음이지만, 단어 중간에 올 때 묵음이 되고,
이때 앞에 있는 모음을 길게 발음하게 만듭니다.

g01-10 **Haus**
[하우스] 집

g01-11 **sehen**
[제엔] 보다

1st Split. 독일어의 **알파벳**
❻ 독일어의 색다른 자음들!

독일어의 특성을 보여주는 색다른 자음들이 있습니다.
j [요트]와 모음 **a, o, u**가 만나면 '이중모음화'가 됩니다.
그러니까 예를 들면 **a** [아], **ung** [웅] 앞에 **j**가 붙으면
각각 **ja** [야], **jung** [융]이 된다는 것이죠.
ß [에스체트]는 베타처럼 생긴 독일 특유의 자음으로
[ㅆ/ㅅ]으로 발음합니다.

일단 이 정도면 독일어 자음의 핵심은 충분히 파악했습니다.
그래서 이제부터는 '눈은 알파벳의 구성'을 살피고,
'귀는 소리에 익숙해지는 연습'이 필요합니다.

1st Split.
독일어의 **알파베트**

 1st Split. 독일어의 **알파베트**
❼ **1st Split.**의 핵심단어 발음연습 코너!

● **1st Split.**의 핵심단어를 연습합니다.

g01-01	**A E I O U** [아에이오우] 아에이오우

g01-02	**Ä ä Ö ö Ü ü** [에 외 위] 에 외 위

g01-03	**Boris Bäcker** [보리스 베커] 보리스 베커

g01-04	**Heinrich Böll** [하인리히 뵐] 하인리히 뵐

g01-05	**Heiner Müller** [하이너 뮐러] 하이너 뮐러

g01-06	**Abend** [아벤트] 저녁

g01-07	**Dieb** [디프] 도둑

g01-08	**Guten Tag.** [구텐 탁/탁.] 안녕하세요.

g01-09	**Siemens** [지멘스] 지멘스

g01-10	**Haus** [하우스] 집

● We learn something new every day.

하루에 쪼갠다
독일어
알파벳에서 **인사표현**까지

S LIT
German

Split
1st

● **1st Split.**의 핵심단어를 연습합니다.

g01-11 ●	**sehen** [제엔] 보다

We can split it in 1 sitting.

SPLIT IT IN 1 DAY

We learn something new every day. SPLIT Split it in 1 day!

We **learn** something new every day. S**†**LIT Split it in **1** day!

SPLIT
it in 1 day

2nd Split.
독일어의 발음 :

이번에는 독일어 알파베트로
독일어 숫자를 연습합니다.
일상에서 꼭 필요한 숫자를
발음법과 매칭시켜 보겠습니다.
1부터 12까지의 발음과 발음법을 따져 보겠습니다.

2nd Split.
독일어의 **발음**

2nd Split. 독일어의 **발음**
❶ 독일어로 '하나, 둘, 셋'!

독일어 알파베트와 발음법을 확실하게 따져 보겠습니다.

g02-01	**eins**	[아인스]	1	one

이중모음 **ei**는 [아이]로 발음합니다.
상대성 이론의 **Einstein** (아인슈타인) 박사님을 기억합시다!

g02-02	**zwei**	[츠바이]	2	two

z는 [ㅊ]과 [ㅉ]의 중간 정도입니다. **w**는 [ㅂ] 발음입니다.
b와 달리 입술이 닿지 않는 [ㅂ]입니다. 악극의 황제 **Wagner** [바그너],
'와그너'가 아니고 '바그너/봐그너'. 그래서 **zwei** [츠바이]입니다.

● We learn something new every day.

하루에 쪼갠다
독일어
알파벳에서 **인사표현**까지

s LIT
German

Split
2nd

g02-03	**drei**	[드라이]	3	three

또다시 이중모음 **ei**는 [아이], 그래서 **drei** [드라이]입니다.

g02-04	**vier**	[피어]	4	four

v는 [ㅍ]이나 [ㅃ] 발음입니다. 어미의 **er**은 [어]로 발음합니다.
영어의 **father**처럼 말이죠. 그래서 **vier** [피어]입니다.

g02-05	**fünf**	[퓐프]	5	five

ü [ㅟ](변모음, **u** 움라우트)가 나왔습니다. 그래서 **fünf** [퓐프]입니다.

2nd Split.
독일어의 **발음**

g02-06	**sechs**	[젝스]	6	six

s 다음에 모음이 와서 [ㅈ] 발음이고, 3중자음 **chs**는 [크스] 발음입니다.
Sechs Kies [젝스 키스] (여섯 개의 수정)의 바로 그 **sechs** [젝스]입니다.

g02-07	**sieben**	[지벤]	7	seven

ie는 [이-]로 길게 발음합니다. **Diesel** [디-젤]이라고 발음합니다.
그리고 **s** 다음에 모음이 와서 [ㅈ]. 그래서 **sieben** [지-벤]입니다.

g02-08	**acht**	[아흐트]	8	eight

ch는 **a, o, u, au** 뒤에서 [흐]로 발음합니다.
ch 다음에 그외의 모음이 올 때는 [히]로 발음합니다.
auch [아우흐], **acht** [아흐트], **ich** [이히] 하는 식입니다.

● We learn something new every day.

하루에 쪼갠다
독일어
알파벳에서 **인사표현**까지

sᴾLIT
german

Split
2nd

g02-09	**neun**	[노인]	9	nine

eu는 [오이] 발음입니다. **Reuter** [로이터] (로이터 통신사)로
익숙한 발음입니다. 그래서 **neun** [노인]입니다.

g02-10	**zehn**	[첸]	10	ten

z는 [ㅊ]과 [ㅉ]의 중간음입니다. **h**는 소리가 나지 않는 묵음이면서,
앞의 모음을 길게 만듭니다. 그래서 **zehn** [첸]입니다.

g02-11	**elf**	[엘프]	11	eleven

독일어의 **f**는 영어의 **v**와 관계가 깊습니다.
영어의 **eleven**, **father**가 독일어로는 **elf**, **Vater**입니다.

2nd Split.
독일어의 **발음**

g02-12	**zwölf**	[츠뵐프]	12	**twelve**

ö [ㅚ] (변모음, o 움라우트)가 나왔습니다.
z는 [ㅊ]과 [ㅉ]의 중간음입니다.
w는 입술이 닿지 않는 [ㅂ] 발음입니다.
그래서 zwölf [츠뵐프]입니다.

지금까지 독일어 숫자 1부터 12까지를 확인했습니다.
독일어와 영어가 정말 많이 닮았다는 인상을 받으셨을 것입니다.
동시에 독일어의 어떤 철자가 바뀌어
영어가 되었는지도 가늠해볼 수 있었습니다.
바로 이런 독일어와 영어의 사촌지간 덕분에
우리의 독일어 학습은 좀 더 수월해집니다.

● We learn something new every day.

하루에 쪼갠다
독일어
알파벳에서 **인사표현**까지

Split
2nd

2nd Split. 독일어의 **발음**
❷ 독일어의 만능 해결사 bitte

여기서 잠깐! 아주 유용한 독일어 표현 한 가지 소개해드리겠습니다.
가히 독일어 최고의 '만능표현'이라 할 수 있는 **bitte** [비테]입니다.
bitte는 영어의 **please**입니다.

사용법은 간단합니다.
영어의 **please**처럼 사용하면 됩니다. 즉 특별히 다른 단어 없이도
Bitte + 동작! (~해주세요.)만으로 상당한 표현이 가능합니다.

그러니까 먼저 **Bitte**라고 하고, 원하는 것을
몸동작, 손동작으로 표현하면 됩니다.

의자를 가리키면서 **Bitte!** 하면 '앉으세요.',
방향을 가리키며 **Bitte!** 하면 '이쪽으로 가세요.'가 됩니다.

Bitte! 하면서 손가락 하나를 들면 '한 개 더.',
'한 번만 더.'를 표현할 수 있습니다.

초간편하면서도 충분히 공손한 표현입니다.

2nd Split.
독일어의 **발음**

 2nd Split. 독일어의 발음
❸ **2nd Split.**의 핵심단어 발음연습 코너!

● **2nd Split.**의 핵심단어를 연습합니다.

g02-01	**eins** [아인스] 1	g02-02	**zwei** [츠바이] 2
g02-03	**drei** [드라이] 3	g02-04	**vier** [피어] 4
g02-05	**fünf** [퓐프] 5	g02-06	**sechs** [젝스] 6
g02-07	**sieben** [지벤] 7	g02-08	**acht** [아흐트] 8
g02-09	**neun** [노인] 9	g02-10	**zehn** [첸] 10

● We learn something new every day.

하루에 쪼갠다
독일어
알파벳에서 **인사표현**까지

S LIT
German

Split
2nd

● **2nd Split.**의 핵심단어를 연습합니다.

| g02-11 | **elf** |
| | [엘프] 11 |

| g02-12 | **zwölf** |
| | [츠뵐프] 12 |

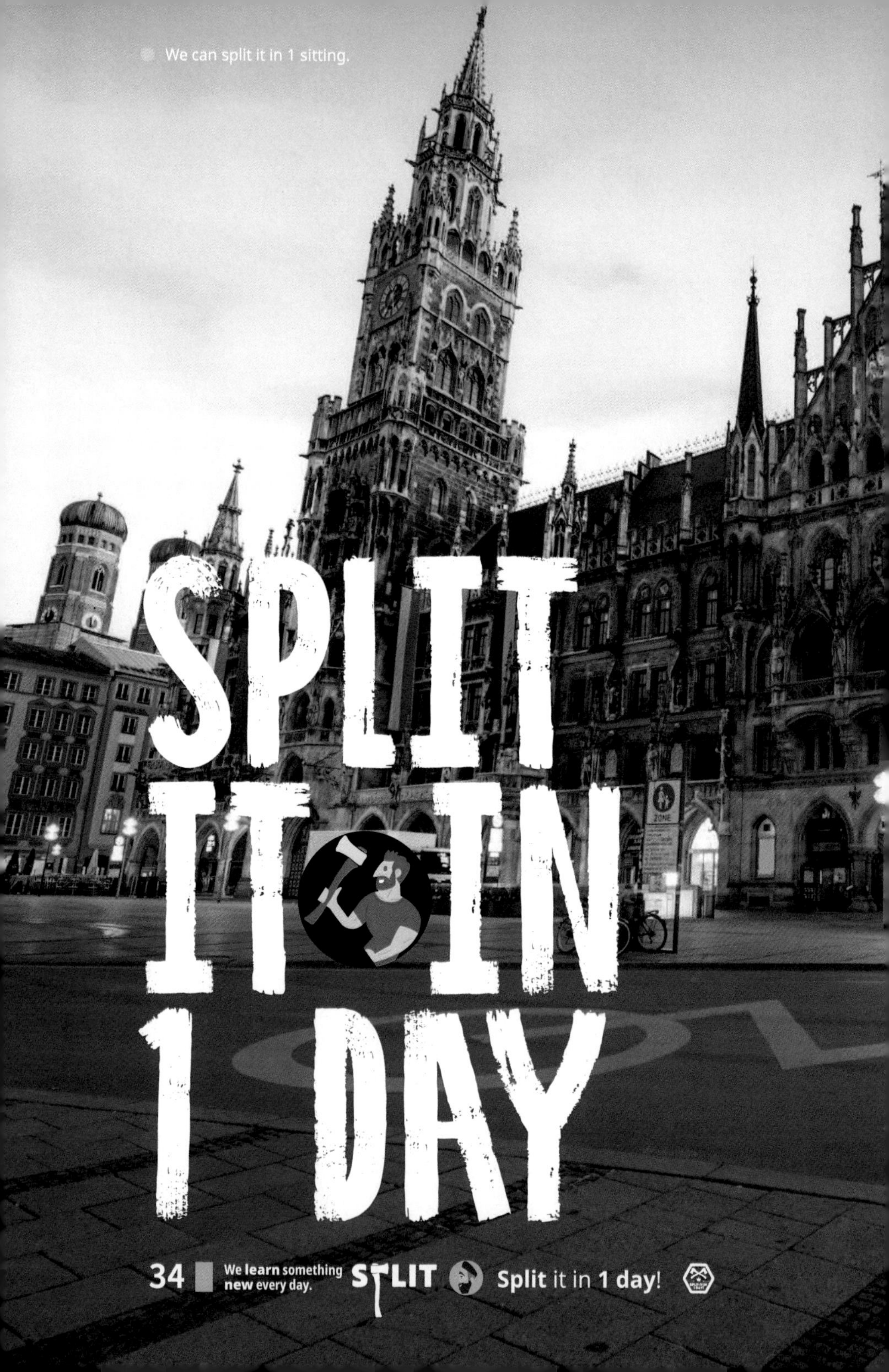
SPLIT
IT IN
1 DAY
ZONE

We learn something new every day.

 Split it in 1 day! SPLIT We **learn** something **new** every day. 35

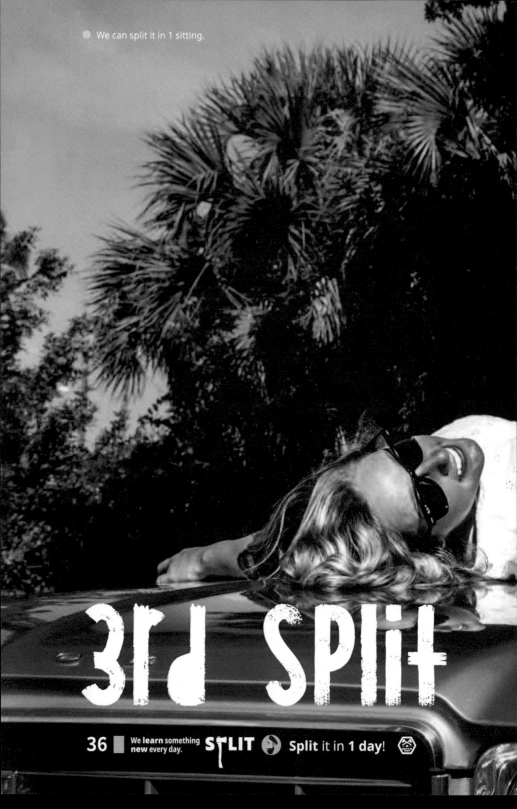

SPLIT
it in 1 day

3rd Split.
독일어의 **발음법 총정리** :

영어 발음법과 비교하면 더없이
단순 명료한 독일어 발음법!
독일어를 처음 시작하는 학습자에게 용기를 줍니다.
이번에는 10가지 대표 발음규칙과 함께
독일어 발음법을 총정리합니다.

3rd Split.
독일어의 **발음법 총정리**

 3rd Split. 독일어의 **발음법 총정리**
❶ 독일어 발음, 결정적 법칙!

독일어의 발음법은 기본적으로 상식적입니다.
독일어 발음법 총정리를 준비했습니다.
이름하여 독일어 발음법 '결정적 법칙 베스트 10'입니다.

❶ 독일어는 알파베트를 읽을 때의 발음 그대로의 소리가 납니다.
일본 사람 이름을 읽는 이치와 비슷합니다.
(**Nakamura** 나카무라, **Aoi** 아오이)

g03-01	**Auto**	g03-02	**Osram**
◉	[아우토] 자동차	◉	[오스람] 오스람

❷ 모음은 **a** [아], **e** [에], **i** [이], **o** [오], **u** [우]입니다.
음악시간의 발성 연습, '아에이오우~!'를 기억합시다!

g03-03	**Audio**	g03-04	**adidas**
◉	[아우디오] 오디오	◉	[아디다스] 아디다스

● We learn something new every day.

하루에 쪼갠다
독일어
알파벳에서 **인사표현**까지

sᴘLIT
German

Split
3rd

❸ '변심한 모음 세 자매', 모음 **a** [아], **o** [오], **u** [우]에 '땡땡이'가 붙어
발음이 변한 변모음 **ä** [에], **ö** [외], **ü** [위]가 있습니다.

g03-05	**Bäcker**	g03-06	**Böll**
●	[베커]	●	[뵐]

g03-07	**Müller**
●	[뮐러]

❹ 자음 **b** [ㅂ], **d** [ㄷ], **g** [ㄱ]가 단어 끝에 오면 [ㅍ], [ㅌ], [ㅋ]입니다.
마치, **p, t, k**처럼 거센소리로 발음합니다.

g03-08	**Abend**	g03-09	**Tag**
●	[아벤트] 저녁	●	[타ㅋ/탁] 낮

❺ **s** (에스)는 [ㅅ]이지만, 다음에 모음이 오면 [ㅈ]으로 발음합니다.

3rd Split.
독일어의 **발음법 총정리**

---

g03-10
best
[베스트] 최고의

g03-11
Siemens
[지멘스] 지멘스

---

❻ **ch** (체하)는 **a, o, u, au** 뒤에서 [흐]로 발음하나,
그외의 경우에는 [히]로 발음합니다.

g03-12
acht
[아흐트] 8

g03-13
ich
[이히] 나

---

❼ 모음이 두 개 이상 이어지는 복모음은 대부분 글자 그대로 발음하지만,
ie는 [이-], **ei**는 [아이], **eu**와 **äu**는 [오이]로 발음합니다.

g03-14
sieben
[지벤] 7

g03-15
zwei
[츠바이] 2

g03-16
neun
[노인] 9

● We learn something new every day.

하루에 쪼갠다
독일어
알파벳에서 **인사표현**까지

S LIT
GERMAN

Split
3rd

❽ **h** (하)는 [ㅎ]이지만, 단어 중간에서는 묵음이며
이전 모음을 장음으로 만듭니다.

g03-17	**Haus**
●	[하우스] 집

g03-18	**sehen**
●	[제엔] 보다

❾ 's의 형제들!'을 새로 소개합니다.
sp (에스페)는 [쉬프], **st** (에스테)는 [쉬트], **sch** (에스체하)는 [쉬],
tsch (테에스체하)는 [취]로 발음합니다.

g03-19	**Sport**
●	[쉬포르트] 스포츠

g03-20	**Einstein**
●	[아인쉬타인] 아인슈타인

g03-21	**Deutschland**
●	[도이취란트] 독일

3rd Split.
독일어의 **발음법 총정리**

❿ 그 밖에 **ds** (데에스), **ts** (테에스), **tz** (테체트)는 모두 [츠] 발음입니다.
z [츠]와 같은 발음인 것입니다. 그리고 **ng**는 [엉], **nk**는 [엉크] 발음입니다.

g03-22	**abends** [아벤츠] 저녁에

g03-23	**Satz** [자츠] 문장

g03-24	**singen** [징엔] 노래 부르다

g03-25	**Bank** [방크] 은행

이상의 단어는 독일어 발음법을 상기시켜줄 뿐만 아니라
일상적으로도 중요한 어휘들입니다.
아울러 독일어의 모든 명사는 반드시 대문자로
시작한다는 점도 함께 기억하면 좋겠습니다.

● We learn something new every day.

하루에 쪼갠다
독일어
알파벳에서 **인사표현**까지

Split
3rd

3rd Split. 독일어의 **발음법 총정리**
❷ 독일어, '아주 좋아요~!'

독일어 발음 시스템의 훌륭함을 몸소 증명할 수 있는 방법이 있습니다.
지금까지 학습한 단어들의 '발음 연습페이지'로 가서
'MP3 페이지 전체 재생'을 누르고 받아쓰기를 한 번 해보십시오.
워낙 발음법이 명료해서 초보자라고 할지라도
독일어 받아쓰기가 가능할 것입니다.
이렇게 짧은 시간의 학습만으로 받아쓰기가 가능하다는 것 자체가
이미 대단하고 엄청난 사실입니다.

지금까지 독일어 알파베트와 발음법을 성공적으로 마친
학습자 여러분께 진심으로 축하의 인사를 드립니다.
Sehr gut! [제어 굿!] (아주 좋습니다! : **Very good!**)

g03-26

Sehr gut!
[제어 굿!] 아주 좋습니다!

(물론 이밖에도 소소한 발음규칙들이 몇 가지 더 있습니다만,
이 정도만으로도 우리가 목표한 기초학습에는 충분합니다.)

3rd Split.
독일어의 **발음법 총정리**

 3rd Split. 독일어의 **발음법 총정리**
❸ **3rd Split.**의 핵심단어 발음연습 코너!

● **3rd Split.**의 핵심단어를 연습합니다.

g03-01 **Auto** [아우토] 자동차	g03-02 **Osram** [오스람] 오스람
g03-03 **Audio** [아우디오] 오디오	g03-04 **adidas** [아디다스] 아디다스
g03-05 **Bäcker** [베커] 베커	g03-06 **Böll** [뵐] 뵐
g03-07 **Müller** [뮐러] 뮐러	g03-08 **Abend** [아벤트] 저녁
g03-09 **Tag** [타크/탁] 낮	g03-10 **best** [베스트] 최고의

● We learn something new every day.

하루에 쪼갠다
독일어
알파벳에서 **인사표현**까지

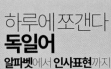

S LIT
GERMAN

Split
3rd

● **3rd Split.**의 핵심단어를 연습합니다.

g03-11 **Siemens** ◉ [지멘스] 지멘스	**g03-12** **acht** ◉ [아흐트] 8
g03-13 **ich** ◉ [이히] 나	**g03-14** **sieben** ◉ [지벤] 7
g03-15 **zwei** ◉ [츠바이] 2	**g03-16** **neun** ◉ [노인] 9
g03-17 **Haus** ◉ [하우스] 집	**g03-18** **sehen** ◉ [제엔] 보다
g03-19 **Sport** ◉ [쉬포르트] 스포츠	**g03-20** **Einstein** ◉ [아인쉬타인] 아인슈타인

3rd Split.
독일어의 **발음법 총정리**

● **3rd Split.**의 핵심단어를 연습합니다.

g03-21 **Deutschland** [도이췰란트] 독일	**g03-22** **abends** [아벤츠] 저녁에
g03-23 **Satz** [자츠] 문장	**g03-24** **singen** [징엔] 노래 부르다
g03-25 **Bank** [방크] 은행	**g03-26** **Sehr gut!** [제어 굿!] 아주 좋습니다!

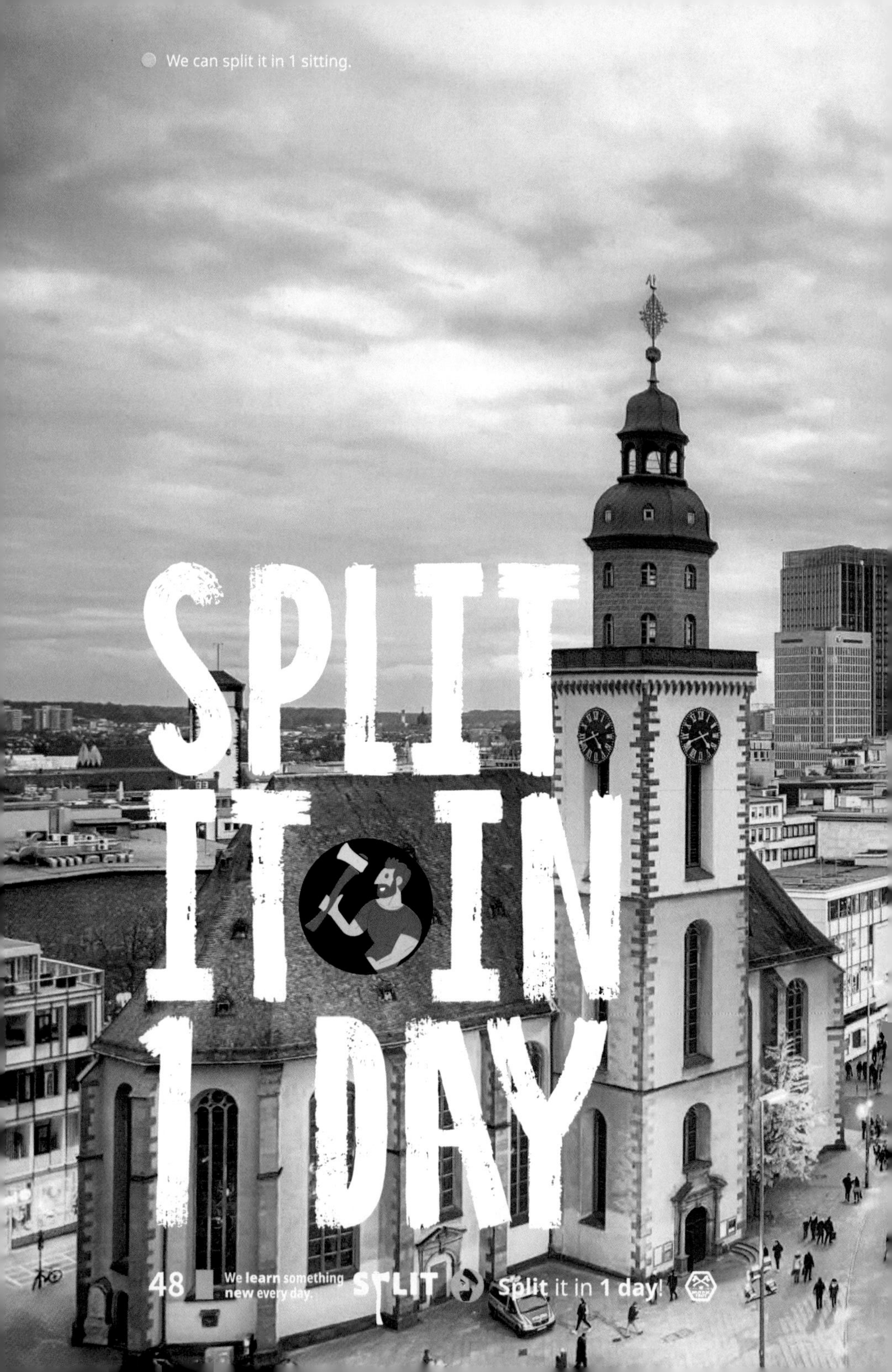
SPLIT
IT IN
1 DAY

We can split it in 1 sitting.

4th Split

We **learn** something
new every day. S⌈LIT Split it in **1 day!**

SPLIT
it in 1 day

4th Split.
독일어의 인사표현 :

지금까지 공부한 독일어 알파베트와 발음법을
중심으로 독일어의 인사표현들을
연습해 보겠습니다.

 Split it in **1 day!**   **SPLIT**   We **learn** something new every day. ▌51

4th Split.
독일어의 **인사표현**

 4th Split. 독일어의 **인사표현**
❶ 독일어의 국대급 인사말!

자! 그러면 독일어의 인사말, 기본부터 시작해 보겠습니다.

g04-01	**Guten Tag.**
⊙	[구텐 **탁**.] 안녕하세요. (낮 인사)

독일어의 대표 인사말은 **Guten Tag.** [구텐 탁.]입니다.
Guten [구텐]은 '좋은'이라는 뜻이며,
Tag [탁]은 '날/낮'이라는 뜻입니다.
영어로 하면 **Good day.**
인사표현으로는 **Good afternoon.**에 해당합니다.

다음은 하루를 장식하는 아침/저녁/밤 인사말입니다.

g04-02	**Guten Morgen.**
⊙	[구텐 **모르겐**.] 안녕하세요. (아침 인사)

g04-03	**Guten Abend.**
⊙	[구텐 **아벤트**.] 안녕하세요. (저녁 인사)

● We learn something new every day.

하루에 쪼갠다
독일어
알파벳에서 **인사표현**까지

S┬LIT
GERMAN

Split
4th

g04-04

Gute Nacht.
[구테 나흐트.] 안녕하세요. (밤 인사)

Morgen [모르겐]은 아침 (**morning**),
Abend [아벤트]는 저녁 (**evening**),
그리고 **Nacht** [나흐트]는 밤 (**night**)입니다.
(**Gute Nacht.** [구테 나흐트.]는 밤에 헤어질 때 또는
잠자리에 들 때 하는 인사말입니다.)

이렇듯 독일어와 영어는 서로 꽤나 닮았습니다.
그도 그럴 것이 독일어와 영어는 사촌지간으로 한 뿌리 언어입니다.

4th Split. 독일어의 **인사표현**
❷ 딱! 보면 독일어!

Guten Morgen.과 **Good morning.**을 한번 비교해 보겠습니다.
알파벳이 살짝 다르다는 것 이외에 또 다른 부분이 있습니다.
문장이 시작될 때 첫 글자를 대문자로 쓰는 것은 독일어나 영어,
모두 같지만 독일어는 문장 안의 모든 명사의 첫 글자도
대문자로 표기한다는 것입니다.
바로 이런 이유로 독일어는 한 문장만 보아도
한눈에 영어와 구별할 수 있습니다.

4th Split.
독일어의 **인사표현**

4th Split. 독일어의 인사표현
❸ 인사는 문법 없이 인사!

몇 가지 대표적인 인사표현들을 만나 봤습니다.
우리가 영어를 처음 배울 때 **Good morning.**을
문법적으로 따지지 않고 익혔듯이 독일어도 그렇게 친해지면 됩니다.

이번 과의 마무리는 헤어질 때의 인사말입니다.
헤어질 때의 인사는 아쉬움 반, 다시 만날 기대 반의 느낌으로 말합니다.

> g04-05
> # Auf Wiedersehen.
> [아우프 비더제엔.] 안녕히 가세요.

'또 만나요.', '안녕히 계(가)세요.'의 표현입니다.
(영어의 **Good bye!**나 **See you again!**에 해당합니다.)

이와 함께 일상적으로 좀 더 친근한 표현으로 **Tschüss.** [취쓰.]가 있습니다.
발음이 마치 '키스 소리'를 연상시키는 아름다운 인사말입니다.

> g04-06
> # Tschüss.
> [취쓰.] 안녕.

We learn something new every day.

하루에 쪼갠다
독일어
알파벳에서 **인사표현**까지

S LIT
GERMAN

Split
4th

 4th Split. 독일어의 **인사표현**
❹ 일상을 지배하는 독일어 표현들!

일상을 대표하는 당장 사용할 수 있는
'베스트 독일어 표현' 몇 가지 알아 보겠습니다.

첫 번째는 '죄송합니다.', '미안합니다/실례합니다.'에 해당하는
Entschuldigung. [엔트슐디궁.]입니다.
(실제로는 '엔츌디궁'으로 들립니다.)
비슷한 표현으로 **Verzeihung.** [페어차이-웅.]이 있습니다.
상대와 부딪혔다거나, 발을 밟았을 때, 길을 물을 때나, 양해를 구할 때,
상점에 들어가면서 인사할 때 등 정말 자주 쓰이는 표현입니다.

g04-07 **Entschuldigung.**
[엔츌디궁.] 실례합니다.

g04-08 **Verzeihung.**
[페어차이웅.] 죄송합니다.

다음은 독일인들의 특별한 인사습관 중 하나인
Gesundheit. [게준트하이트.]입니다.
Gesundheit는 '건강'이라는 뜻이며,
인사로 쓰이면 '건강하세요.'라는 의미입니다.

4th Split.
독일어의 **인사표현**

독일은 기후 탓인지 아침에 재채기를 하는 사람이 많습니다.
재채기를 '감기의 시그널' 정도로 생각하기 때문에 재채기를 하면
상대가 처음 보는 사람일지라도 **Gesundheit.**하며 인사를 전합니다.
무뚝뚝할 것 같은 독일 사람에게서 듣는
의외의 '다정한 한마디'입니다.

---

g04-09
Gesundheit.
◎ [게준트하이트.] 건강하세요.

다음은 대표적인 '맞장구 표현'인
'물론이지.'의 **Natürlich.** [나튀얼리히.],
'당연하지.'의 **Selbstverständlich.** [젤프스트페어쉬텐틀리히.]입니다.
그리고 연결하여 '확실하다/틀림없다.'라는 뜻의
Sicher. [지허.]가 있습니다.

● ja [야] 네/응

---

g04-10
Natürlich.
◎ [나튀얼리히.] 물론이지.

● We learn something new every day.

하루에 쪼갠다
독일어
알파벳에서 **인사표현**까지

S**PLIT**
german

Split
4th

g04-11

Selbstverständlich.

[젤프스트페어쉬텐틀리히.] 당연하지.

g04-12

Ist es sicher?

[이스트 에스 지허?] 그거 확실해?

g04-13

Ja, natürlich. Sicher.

[야, 나튀얼리히. 지허.] 응, 물론이지. 확실해.

4th Split.
독일어의 **인사표현**

 4th Split. 독일어의 **인사표현**
❺ **4th Split.**의 핵심단어 발음연습 코너!

● **4th Split.**의 핵심단어를 연습합니다.

g04-01 **Guten Tag.**
[구텐 탁.] (낮 인사)

g04-02 **Guten Morgen.**
[구텐 모르겐.] (아침 인사)

g04-03 **Guten Abend.**
[구텐 아벤트.] (저녁 인사)

g04-04 **Gute Nacht.**
[구테 나흐트.] (밤 인사)

g04-05 **Auf Wiedersehen.**
[아우프 비더제엔.] 안녕히 가세요.

g04-06 **Tschüss.**
[취쓰.] 안녕.

g04-07 **Entschuldigung.**
[엔출디궁.] 실례합니다.

g04-08 **Verzeihung.**
[페어차이웅.] 죄송합니다.

g04-09 **Gesundheit.**
[게준트하이트.] 건강하세요.

g04-10 **Natürlich.**
[나튀얼리히.] 물론이지.

● We learn something new every day.

하루에 쪼갠다
독일어
알파벳에서 **인사표현**까지

S LIT GERMAN
Split 4th

● **4th Split.**의 핵심단어를 연습합니다.

g04-11 **Selbstverständlich.**
[젤프스트페어쉬텐틀리히.] 당연하지.

g04-12 **Ist es sicher?**
[이스트 에스 지허?] 그거 확실해?

g04-13 **Ja, natürlich. Sicher.**
[야, 나튀얼리히. 지허.] 응, 물론이지. 확실해.

We can split it in 1 sitting.

SPLIT IT IN 1 DAY

60 We **learn** something new every day. SPLIT Split it in **1 day!**

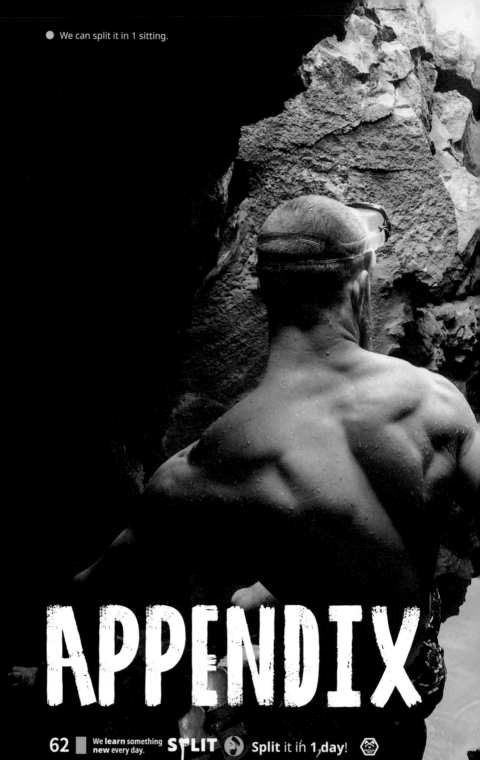

We can split it in 1 sitting.

APPENDIX

S LIT
it in 1 day

부록 :
독일어의 **알파벳**와 **발음법 복습** :

부록편에서는 지금까지 배운
독일어 알파벳과 발음법을 활용하여
우리의 생활 깊숙이 들어와 자리 잡고 있는
독일어 표현들과
매우 중요한 독일어 숫자읽기를 총정리하여
정확한 발음으로 연습해보겠습니다.

Appendix
독일어의 **알파베트**와 **발음법 복습**

부록 : 독일어의 **알파베트**와 **발음법 복습**
❶ 우리의 생활 속 독일어 표현들!

● 우리의 일상에 친근한 독일어 표현들입니다.

gA1-01 **Aspirin** [아스피린] 아스피린	**gA1-02** **Arbeit** [아르바이트] 아르바이트
gA1-03 **Diesel** [디젤] 디젤	**gA1-04** **Batterie** [바테리] 배터리
gA1-05 **Kaiser** [카이저] 카이저	**gA1-06** **Thema** [테마] 테마
gA1-07 **Allergie** [알레르기] 알레르기	**gA1-08** **Kindergarten** [킨더가르텐] 유치원
gA1-09 **Hof** [호프] 뜰/안마당	**gA1-10** **Lotte** [롯테] 롯데

● We learn something new every day.

하루에 쪼갠다
독일어
알파벳에서 **인사표현**까지

S**LIT**
German

APPENDIX

A

● 우리의 일상에 친근한 독일어 표현들입니다.

gA1-11 **Autobahn** [아우토반] 아우토반	**gA1-12** **Sechs Kies** [젝스 키스] 젝스 키스
gA1-13 **Benz** [벤츠] 벤츠	**gA1-14** **Audi** [아우디] 아우디
gA1-15 **BMW** [베엠베] 비엠더블류	**gA1-16** **adidas** [아디다스] 아디다스
gA1-17 **Allianz** [알리안츠] 알리안츠	**gA1-18** **Osram** [오스람] 오스람
gA1-19 **Siemens** [지멘스] 지멘스	

Appendix
독일어의 **알파베트**와 **발음법 복습**

 부록 : 독일어의 **알파베트**와 **발음법 복습**
❷ 독일어로 더 많은 숫자읽기!

● 앞서 배운 1~12에 이어 13부터 90까지 연습해 보겠습니다.

gA2-01	**dreizehn** [드라이첸] 13	gA2-02	**vierzehn** [피어첸] 14
gA2-03	**fünfzehn** [퓐프첸] 15	gA2-04	**sechzehn** [제히첸] 16
gA2-05	**siebzehn** [집첸] 17	gA2-06	**achtzehn** [아흐첸] 18
gA2-07	**neunzehn** [노인첸] 19	gA2-08	**zwanzig** [츠반치히] 20
gA2-09	**dreißig** [드라이씨히] 30	gA2-10	**vierzig** [피어치히] 40

● We learn something new every day.

하루에 쪼갠다
독일어
알파벳에서 **인사표현**까지

S LIT
German

APPENDIX
A

● 앞서 배운 1~12에 이어 13부터 90까지 연습해 보겠습니다.

gA2-11 **fünfzig**
[퓐프치히] 50

gA2-12 **sechzig**
[제히치히] 60

gA2-13 **siebzig**
[집치히] 70

gA2-14 **achtzig**
[아흐치히] 80

gA2-15 **neunzig**
[노인치히] 90

We can split it in 1 sitting.

‘하루에 쪼갠다 독일어 (알파벳에서 인사표현까지)’의
학습자 여러분 수고 많이 하셨습니다.
앞으로도 다양한 ‘하루에 쪼갠다 XXX’ 시리즈와
함께 해주시길 바랍니다. 감사합니다.

‘하루에 쪼갠다 XXX’ 시리즈는
누구나 작가가 되어 자신의 콘텐츠를
세상과 나눌 수 있는
미니멀 콘텐츠 플랫폼을 실천합니다.

We **learn** something new every day. SꟼLIT Split it in **1 day!**